SCM
Stiftung Christliche Medien

Dieses Werk einschließlich aller seiner Teile ist urheberrechtlich geschützt. Jede Verwendung außerhalb der engen Grenzen des Urheberrechtsgesetzes ist ohne vorherige schriftliche Einwilligung des Verlages unzulässig und strafbar. Das gilt insbesondere für Vervielfältigungen, Übersetzungen und die Einspeicherung und Verarbeitung in elektronischen Systemen.

© 2013 SCM Collection im SCM-Verlag GmbH & Co. KG · Bodenborn 43 · 58452 Witten
Internet: www.scm-collection.de; E-Mail: info@scm-collection.de

Soweit nicht anders angegeben, sind die Bibelverse folgender Ausgabe entnommen:
Neues Leben. Die Bibel, © 2002 und 2006 SCM R.Brockhaus im SCM-Verlag GmbH & Co. KG, Witten
Weiter wurde verwendet:
Elberfelder Bibel 2006, © 2006 by SCM R.Brockhaus im SCM-Verlag GmbH & Co. KG · Witten. (ELB)

Zitat von Antje Sabine Naegeli: „Möge dann und wann ein Lied aufsteigen …", aus: „Ich spanne die Flügel des Vertrauens",
© 2002 Verlag am Eschbach der Schwabenverlag AG
Zitat von Martin Schleske: „Der Klang", © 2010, Kösel-Verlag, München, in der Verlagsgruppe Random House GmbH
Zitat von Gerald Sittser: „Zur größten Herausforderung …", aus: ders., „Und trotzdem will ich das Leben lieben", Brunnen Verlag Gießen

Trotz sorgfältiger Recherche konnten nicht alle Rechtenachweise zweifelsfrei ermittelt werden.
Der Verlag dankt für Hinweise.

Gesamtgestaltung: Miriam Gamper-Brühl | www.dko-design.de | Essen
Fotos: © Shutterstock; S. 6 © iStockphoto; S. 8, S. 60 © Fran Peterz/Fotolia.com; S. 21: © Wikimedia commons/hinnerk-ruemenapf,
S. 62 Wikimedia commons/Gregory F. Maxwell; S. 21, S. 33 © thinkstock/iStockphoto
Druck und Bindung: Dimograf
Gedruckt in Polen
ISBN 978-3-7893-9656-4
Bestell-Nr. 629.656

NOOR VAN HAAFTEN

Dir gehört mein Lob

gestaltet von Miriam Gamper-Brühl

SCM Collection

Über diesen Bildband

Es war schon länger mein Wunsch, einen Bildband über Musik und das Lob Gottes zu veröffentlichen. Als ich anfing, mich damit zu beschäftigen, was die Bibel über Musik sagt, war ich schnell gefesselt. Es folgte eine faszinierende Reise, die mich sowohl an Höhe- als auch Tiefpunkte der Geschichte des alten Volkes Gottes führte. Die Freude der Menschen nach ihrer Befreiung aus Ägypten, die Einführung des jungen David als Musiker am Hof Sauls, die Überbringung der Bundeslade nach Jerusalem, die Einweihung der Mauer in Jerusalem ... – alle diese Momente sind voller Musik.

Weil das Leben nicht nur Jubel ist, finden wir in der Bibel auch Klagelieder. Wir hören von der Not einzelner Menschen – z.B. von David in der Wüste oder nach seinem Ehebruch. Wir sehen, dass die Lieder des Volkes Gottes während der Gefangenschaft in Babylon verstummt sind. Dann aber schenkt Gott seinen Kindern ein neues Lied, ja sogar ein Lächeln. Er schenkt dieses neue Lied, und damit wird deutlich, dass er – und nicht die Umstände – unser Grund zum Jubeln ist. Ihm, der in Höhen und Tiefen derselbe ist, gehört unser Lob.

Der erste Instrumentenbauer in der Bibel ist Jubal. Er wird in 1. Mose 4,21 als der Vater aller, die Zither und Flöte spielen, bezeichnet. Bekannter noch ist David, der ein sehr begabter Musiker, Lieddichter und Instrumentenbauer war. Er hat Israel damals musikalisch „organisiert", indem er 4 000 Leviten für die musikalische Rahmengestaltung des Gottesdienstes freistellte. Wir treffen Gruppen dieser Spieler und Sänger im Zelt der Begegnung und später im Tempel, wo sie im Turnus ihren Dienst erfüllen. Bei besonderen Momenten in Israels Geschichte treten sie vollzählig auf. Dann staunen wir über diesen überwältigenden Jubel der Kinder Gottes.

Um diese Dinge geht es in diesem Bildband. Wir können davon lernen, wie Israel seinen Gott mit Musik ehrte. Wir können davon lernen, wie David sich in großer Not immer wieder dazu durchrang, Gott zu loben und zu danken. Wir können lernen von Habakuk, der bezeugte, dass Gott nicht nur in guten Zeiten, sondern auch in Zeiten von Not und Dürre unser Lob gebührt. Oder von Paulus und Silas, die in elenden Umständen zu Mitternacht ein Lied anstimmten.

Neben Psalmworten und Bibel-Geschichten habe ich auch Aktuelles bzw. Anekdoten von dem einen oder anderen musikalischen Erlebnis aufgenommen. Zum Beispiel als ich in Irland zum ersten Mal Robben „singen" hörte. Oder als in einer kleinen Gemeinde in Bulgarien ein berüchtigter Alkoholiker von einem Lied derart angerührt wurde, dass er zum Glauben kam.

Dieser Bildband ist über einen längeren Zeitraum hinweg entstanden. Während ich dieses Vorwort schreibe, bin ich noch voll von dem, was ich unterwegs lernen und entdecken durfte. Ganz kostbar und bewegend ist, dass wir, als Kinder Gottes, als Instrumente zum Lob unseres Schöpfers erschaffen wurden. So wie Jesus, als er auf dieser Erde lebte, ein starkes und liebliches Lied Gottes war, so will uns der Geist Gottes heute zu einem solchen Lied machen.

Soest, im Januar 2013
Noor van Haaften

Groß BIST DU, *Herr!*

*Es ist gut, dem Herrn zu danken
und den Höchsten zu loben.
Es ist gut, am Morgen von deiner Gnade zu erzählen
und in der Nacht von deiner Treue,
begleitet von Harfe und Flöte
und zum Klang der Zither.*

*Herr, ich freue mich über alles,
was du für mich getan hast,
und juble vor Glück über deine Taten.*

*Herr, wie groß sind deine Werke
und wie tief deine Gedanken.*

Psalm 92,2-6

Lobt den Herrn, denn er ist gut;
singt seinem herrlichen Namen.

Psalm 135,3

TAUSENDE *tanzende* Füße

Einer der vielen Momente in der Bibel, die ich gerne miterlebt hätte, ist der, als sich Gottes Volk nach seiner Befreiung aus Ägypten „am anderen Ufer" des Roten Meeres versammelt, um Gott zu danken. Der achtzigjährige Mose, der das Volk in die Freiheit geführt hat, erhebt seine Stimme und singt dem großen Helden Israels, dem Herrn der Heerscharen, ein Loblied. Gott hat sein Volk aus der Sklaverei befreit. Er hat ihnen den Weg durch das Rote Meer gebahnt. Er hat das Heer Ägyptens besiegt. Gottes Kinder dürfen sich aufrichten und ihre Freiheit feiern. Und das ... tun sie. Die Männerstimmen fallen ein in Moses Lied. In der Wüste erklingt ein kräftiger Chor, der Gottes Lob besingt.

Dann steht Moses ältere Schwester auf. Gut neunzig Jahre alt ist Mirjam, aber wenn sie ihre Füße hebt und zu tanzen beginnt, fallen die Jahre von ihr ab. Mit einem Tamburin in der Hand führt sie die Frauen in einem fröhlichen Reigentanz an. Tausende schließen sich ihr an, während sie sie auffordert: „Singt dem Herrn, denn hoch erhaben ist er; Pferd und Wagen warf er ins Meer!" (ELB).

Vor nur wenigen Stunden war Gottes Volk auf der Flucht. In aller Eile und Unsicherheit stolperten sie über die eigenen Füße, müde und voller Angst mussten sie einander stützen. Nun tanzen sie mit leichten Füßen und feiern ihr neues Leben und ihre neue Zukunft. Der Sand der Wüste wird wild aufgewirbelt, die Luft hallt wider vom Freudengesang der Kinder Gottes.

Das hätte ich gerne miterlebt: diese ausgiebige Freude, die fröhliche Hingabe beim Tanzen und Singen, diese Ehrung des Allmächtigen. Denn darum geht es in diesem Lied: Die Geschichte des Eingreifens Gottes wird nicht geschrieben, sondern gesungen. Die mächtigen Taten Gottes werden ausgerufen, all das ist sein Werk. Hier wird unterstrichen: Es ist keiner wie Gott.

Solche Lieder dürfen öfters erklingen. Ein Loblied an und über Gott. Ein Lied, das an seine große Taten erinnert. Ein Lied, das Gott Gott sein lässt.

Damals sangen Mose und die Israeliten dem Herrn folgendes Lied:
„Wir wollen dem Herrn singen, denn er ist hoch erhaben.
Der Herr ist meine Kraft und mein Loblied." Da nahm die Prophetin Mirjam, Aarons Schwester,
ihr Tamburin und alle Frauen tanzten mit Tamburinen hinter ihr her.

Aus dem „Schilfmeerlied", 2. Mose 15

Werden
WIE DIE *Kinder*

An einem ruhigen, sonnigen Nachmittag sitze ich im Garten und lese. Dass es still ist, ist ein Wunder, denn ich wohne in einer kinderreichen Nachbarschaft. In meinem Garten hört man nicht nur viel, es ist dort auch nicht ganz sicher. Mein kleiner Nachbarjunge, der leidenschaftlich gerne Fußball spielt und den Bretterzaun zwischen unseren Häusern als Tor bestimmt hat, schießt kräftig – und leider manchmal zu hoch. Und dann gibt es im Sommer im Garten hinter meinem Haus noch ein kleines aufblasbares Schwimmbad, das viel Freude und lautes heftiges Geschrei mit sich bringt. Kurz gesagt: Es wird hier nicht langweilig.

Heute aber ist es still, abgesehen von einem einzigen Geräusch. Irgendwo spielt ein Kind im Garten und summt. Es ist ein klares, melodiöses Summen. Aus irgendeinem Grund bin ich mir sicher, dass es von einem Jungen kommt. Er muss mit etwas beschäftigt sein, das ihm Freude macht. Vielleicht ist er dabei, etwas zu basteln. Vielleicht hat er einen kleinen Gemüsegarten und pflegt seine Pflanzen. Vielleicht liest er ein Buch oder die Micky Maus. Vielleicht macht er auch gar nichts Bestimmtes, sondern liegt im Gras und lässt sich von der Sonne wärmen. Wie es auch sei, dieses Kind ist unbefangen glücklich. Es gibt keine Schwester, die ihm auf die Nerven geht, keine Mutter oder andere, die etwas von ihm verlangen. Er ist alleine draußen und summt vor sich hin.

In meinem Garten werde ich verwöhnt mit einem sommerlichen Impromptu aus hohen, klaren Tönen. Das Summen dieses Kindes, so rein und voller Zufriedenheit, tut unendlich gut. Ich lege mein Buch beiseite, schließe meine Augen und genieße. Während ich so vor mich hin döse, kommt mir der Gedanke, dass vielleicht auch Gott sich darüber freuen würde, wenn wir, seine Kinder, das Summen üben würden. Ein zufriedenes Summen. Ein dankbares Summen, weil er uns so viel geschenkt hat und wir es gut haben.

Und der Friede des Christus regiere in euren Herzen. Und seid dankbar!

Kolosser 3,15 (ELB)

Ist jemand guten Mutes? Er singe Psalmen!

Jakobus 5,13 (ELB)

David AM HOF *Sauls*

Als Saul, der erste König Israels, von Depressionen und Wutausbrüchen geplagt wurde, suchte man einen Musiker, der den König mit seiner Musik beruhigen konnte. Man ließ David holen, der zu dieser Zeit die Schafe seines Vaters hütete. Der Junge lebte relativ abgeschieden, er war Tag und Nacht draußen auf den Feldern Bethlehems. Ihm war Stille vertraut wie auch die persönliche Beziehung zu Gott.

David war sehr musikalisch. Er konnte nicht nur Harfe spielen, er dichtete (und sang) auch Lieder und baute Instrumente. Sicherlich sind die Jahre auf den Feldern rund um Bethlehem in musikalischer Hinsicht fruchtbar für ihn gewesen. Aber auch im geistlichen Sinne hat sich dort einiges getan: David ist seinem Gott näher gekommen. Während er menschliche Gesellschaft entbehren musste, war der Herr da und rief den jungen Mann in die Gemeinschaft mit ihm.

Es ist auffallend, dass Sauls Knecht, der David als Hofmusiker vorstellte, nicht nur seine musikalischen und anderen Gaben hervorhob, sondern betonte, dass der Herr mit ihm war. Der begabte Musiker war an erster Stelle ein Mann Gottes. Als solcher war er eine heilsame Gegenwart in einem Haus, wo böse Geister aktiv waren (1. Samuel 16,23).

Als David seine Harfe spielte, fand Saul Erleichterung. Es war aber nicht bloß das Harfenspiel Davids, das Wunder wirkte. Es war Gott, der durch die Musik seines Freundes und Dieners wirkte. Er hat David inspiriert und das Werk seiner Hände gesegnet. Das tut er auch heute noch, wenn wir uns ihm ganz zur Verfügung stellen.

Ein Sohn Isais aus Bethlehem ist ein begabter Harfenspieler ... und der Herr ist mit ihm.

1. Samuel 16,18

Ich will singen *und spielen!*

Während Davids Flucht vor König Saul haben ihn die Sifiter, die ungefähr 24 Kilometer südöstlich von Hebron lebten, zweimal verraten. In Psalm 54 erfahren wir etwas über einen dieser Vorfälle und staunen. Denn das ist doch unglaublich, was David hier macht! Als er erfährt, dass er verraten worden ist, nimmt er seine Harfe und dichtet ein Lied.
Man hätte sich vorstellen können, dass David – emotional aufgewühlt – wütend reagiert. Dass er aufstampft, schimpft oder weint. Dass er mit Kraftausdrücken seinem Herzen Luft macht oder in Panik gerät. Stattdessen dichtet er ein beruhigendes Lied. Ganz bewusst beruft er sich auf Gott als seinen Helfer und als denjenigen, der seine Seele stützt. Es entsteht ein kräftiges Loblied, in dem David sein Vertrauen zu Gott ausdrückt.
Auch wir selbst können unsere Erfahrungen in den Worten Davids wiederentdecken, denn Unrecht und Verrat kennen alle, die auf dieser Erde leben. Aber hören und achten wir auf das, was vor allem in diesem Lied durchklingt: Gott ist unser Helfer!

Gefestigt ist mein Herz, Gott, gefestigt ist mein Herz!
Ich will singen und spielen.

Psalm 57,8 (ELB)

Siehe, Gott ist mir ein Helfer;
der Herr ist der, der meine Seele stützt.

Psalm 54,6 (ELB)

Dich will ich *preisen!*

*Gott, du bist mein Gott;
dich suche ich von ganzem Herzen.
Deine Gnade bedeutet mir mehr als das Leben;
dich preise ich von ganzem Herzen!
Ich will dich ehren, solange ich lebe,
und meine Hände im Gebet zu dir erheben.*

*Wie mit köstlichen Speisen,
so machst du mich glücklich,
dich will ich loben und preisen.*

*Wenn ich in der Nacht wach liege,
denke ich über dich nach,
die ganze Nacht denke ich nur an dich.*

*Ich denke daran, wie sehr du mir geholfen hast;
ich juble vor Freude, beschützt im Schatten deiner Flügel.*

*Ich halte mich nah zu dir,
denn deine rechte Hand hält mich sicher.*

Psalm 63,2-9
(Von David, als er sich auf der Flucht vor Sauls Truppen in der Wüste Juda aufhielt)

Dankbarkeit ist der Wächter am Tor des Herzens
gegen die Mächte der Zerstörung.

Gabriel Marcel

AN DER Küste Donegals

Die Küste Donegals im Nordwesten der Republik Irland hat eine atemberaubend schöne Landschaft mit Felsen, hohen Klippen und einsamen Stränden. Ich finde sie am schönsten, wenn die Ginstersträucher in Blüte stehen. Selten habe ich diese Pflanzen so üppig blühen sehen wie auf den Hügeln in der Grafschaft Donegal.

Wer die Abgelegenheit oder Einsamkeit sucht, wer gegen Wind und Regen ankämpfen und kreischende Möwen hören will, wer danach seine durchnässte Kleidung bei einem glühenden Torffeuer in einem reetgedeckten Pub trocknen lassen und sich selbst erwärmen will, der ist in Donegal am richtigen Platz. Es ist wild, es ist wüst, es ist wunderschön und bei bestimmtem Wetter vielleicht sogar ein wenig unheimlich.

In Donegal habe ich es zum ersten Mal gehört. Zuerst konnte ich das Geräusch nicht einordnen, denn es war mir unbekannt. Es war am Ende des Sommers, am späten Nachmittag, wenn sich der Tag neigt und es Abend wird. Die Sonne war fast untergegangen, es wurde langsam richtig frisch: Es war Zeit, ins Haus zu gehen. Was mich zurückhielt, war dieser unbekannte Klang, melodiös, etwas traurig, ja fast mysteriös. Er war wie ein Ruf, er erweckte eine unbestimmte Sehnsucht in mir.

Ich nahm mein Fernglas und blickte die Küste entlang. Dann entdeckte ich sie: eine Gruppe grauer Robben, die sich auf einigen flachen Felsen am Meer ausgebreitet hatten. Während das Meereswasser an die Steine leckte, lagen sie entspannt beisammen und meinten, unbeobachtet zu sein. Und so sangen sie unter freiem Himmel unbefangen ihr Lied. Ihr Gesang – wobei sich tiefe und hohe Töne abwechselten – war wunderschön und tief ergreifend, er ging duch Mark und Bein. Nie werde ich diese seltsame Erfahrung, die sich nicht in Menschenworte fassen lässt, vergessen.

Das Singen der Robben an der Westküste Irlands wurde für mich zu einem Höhepunkt in jenem Jahr. Es war solch ein Moment, wo der Mensch sich seiner Kleinheit und Nichtigkeit bewusst wird und ihm nichts übrigbleibt, als Gott für das Wunder seiner Schöpfung zu danken und zu loben.

Herr, welche Vielfalt hast du geschaffen! In deiner Weisheit hast du sie alle gemacht.
Die Erde ist voll von deinen Geschöpfen. Da ist der Ozean, groß und weit,
in dem es von Leben aller Art wimmelt, von großen und kleinen Tieren.
Ich will dem Herrn singen, solange ich lebe. Mit meiner Seele will ich den Herrn loben!

Psalm 104,24-25.33.35

Wahre Herzensdemut kann nur der Gedanke an Gott
und der Blick in die große Natur geben.

Karl Julius Weber

Herr, öffne meine Lippen, damit ich dich lobe.

Psalm 51,17

EIN NEUES *Lied*

Es war bei einer Bibelwoche, wo ich eine Vortragsreihe hielt. Ganz vorne saß eine ältere Dame, die sich sichtbar darüber freute, so intensiv mit Gottes Wort beschäftigt zu sein. Ihre Bibel lag aufgeschlagen auf ihrem Tisch, daneben ihr Notizbuch und Schreibzeug. Über solche Zuhörer (und Mitschreiber) freut sich der Referent!

Vor den Vorträgen sangen wir jeweils einige Lieder. Bei jedem sang die ältere Dame aus der ersten Reihe voller Hingabe mit. Sie artikulierte dabei so deutlich, dass ich mich fragte, ob sie vielleicht in ihren jüngeren Jahren mit gehörlosen Menschen gearbeitet hatte. Wie auch immer, es war eine Freude, sie zu sehen, denn beim Singen leuchtete ihr ganzes Gesicht.

Eines Morgens durfte ich selbst bei einem Vortrag zuhören. Ich hatte neben der begeisterten Sängerin Platz genommen und wir schlugen ein Liederbuch auf, um das erste Lied zu singen. Klavier und Gitarre fingen an, die Stimmen der Anwesenden setzten ein. Dann fiel mir etwas auf: Neben mir blieb es still. Ich blickte so unauffällig wie nur möglich zu meiner Nachbarin und sah, dass sie wie vorher beim Singen die Worte ganz deutlich mit ihrem Mund artikulierte. Einen Ton brachte sie dabei aber nicht hervor.

Während einer kurzen Pause erkundigte ich mich vorsichtig nach dem Grund des stillen Singens. Meine Nachbarin schien etwas verlegen zu sein, dennoch flüsterte sie mir zu: „Im Heim, wo ich lebe, hat man mir gesagt, dass ich keinen Ton halten kann, und darum singe ich seit Jahren nicht mehr laut, sondern nur mit meinen Lippen." Darauf zuckte sie die Achseln und lächelte mir freundlich, aber auch etwas traurig zu. Unsere Freizeit hat etwa fünf Tage gedauert. In dieser Zeit hat die alte Dame, ermutigt von unserem Gespräch, ihre Stimme neu ausprobiert. Es fühlte sich anfangs etwas ungewohnt für sie an, weil sie das laute Singen fast verlernt hatte. Aber es dauerte nicht lange, da standen wir nebeneinander und sangen beide aus voller Kehle. Wir haben uns dabei ein paar Mal angeschaut und uns zugezwinkert. Es war eine wunderschöne Erfahrung, von der die Dame auch anderen freudestrahlend erzählt hat.

Ich hoffe, dass sie weitergemacht hat. Ich hoffe auch, dass sie sich die Freude des lauten Singens nicht wieder nehmen lässt, weil jemand meint, dass sie keinen Ton halten kann. Unserem Herrn sind die Herzenstöne wichtiger als unsere Musikalität.

Gott GEBÜHRT *die Ehre*

Zweimal hat König David Vorbereitungen getroffen, um die Bundeslade, in der die Gesetzestafeln aufbewahrt wurden, nach Jerusalem zu bringen (2. Samuel 6,1-11). Es sollte ein festlicher Akt werden. Die Lade war ja einige Zeit in den Händen der Philister gewesen. Nun stand sie seit dreißig Jahren im Haus Abinadabs, eines Priesters aus dem Stamm Juda.

Beim ersten Versuch passierte etwas Furchtbares. Das lag nicht an Davids Vorbereitungen, denn er hatte weder Mühe noch Kosten gespart, um die Überbringung der Lade zu einem unvergesslichen Fest zu machen. So wurde für den Transport ein Wagen gebaut, der von zwei jungen, makellosen Ochsen gezogen werden sollte. Es wurden Musiker und Sänger bestellt. Auch die Priester und Leviten wurden erwartet. Und natürlich das Volk Israel. Es sollte niemand bei den Festlichkeiten fehlen.

Doch was passierte? Nun, die Ochsen, die den Wagen zogen, wurden nervös und rissen sich los. Darauf begann die Bundeslade, herunterzugleiten. Als Abinadabs Sohn Usa, der neben dem Wagen lief, versuchte, sie aufzufangen, geschah das Furchtbare: Er starb.

In der Elberfelder Bibel wird „Unehrerbietigkeit" als Grund für Usas Tod angegeben. Dieses Wort kommt wie ein Blitz aus heiterem Himmel. Wir werden scharf und tief ins Herz getroffen. „Unehrerbietigkeit" weist ja auf einen Mangel an Ehrfurcht Gott gegenüber hin. Oder stärker: auf eine Missachtung Gottes. Aber ... David meinte es doch gut! Er wollte seinem Gott ein großes Fest bereiten.

Hier liegt das Problem. David war der große Initiator, der alles nach seinem Gutdünken organisierte. Dabei verlor er Wesentliches aus den Augen. Gott hatte klare Regeln in Bezug auf die Bundeslade aufgestellt: Sie durfte nicht von Menschenhänden berührt werden, sondern sollte von geheiligten Leviten an zwei Tragestangen, die auf ihren Schultern ruhten, getragen werden.

Man wollte Gott ehren, dennoch spricht die Bibel von Unehrerbietigkeit. Hier waren Menschen, die Gott Gutes tun wollten, dabei aber so erfüllt waren von ihren eigenen Gedanken und Vorstellungen, dass sie Gottes Heiligkeit aus den Augen verloren. Geweihte Menschen (die Leviten) wurden von einem Ochsenwagen ersetzt: Gottes Heiligkeit wurde missachtet, weil sie in einen menschlichen Rahmen gezwängt wurde.

Es ist eine Fallgrube: Man will Gott ehren, aber tut seiner Heiligkeit Gewalt an. Die eigenen Ideen stehen im Vordergrund, der Mensch bestimmt, was für Gott dran ist und wie das eine oder andere vor sich gehen soll. Wenn dies der Fall ist, kann man singen und tanzen, was und wie man will, aber Gott wird damit nicht geehrt.

Jubel hat nur einen Sinn,
    wenn er sich in Anbetung verwandelt
und wir uns voller Hingabe vor dem Herrn niederwerfen.

Warren Wiersbe

So brachten David und alle Israeliten die Lade des Herrn
unter großem Jubel und dem Schall der Hörner nach Jerusalem.

2. Samuel 6,15

Tanzen BEIM SCHALL *der Hörner*

Drei Monate nach seinem ersten Versuch, die Bundeslade nach Jerusalem zu holen, trifft König David erneut Vorbereitungen für den Transport. Dieses Mal hält er sich sorgfältig an Gottes Vorschriften. Die Bundeslade wird von Leviten, die sich vorher geheiligt haben, getragen.

Wieder wird das ganze Volk versammelt. Die Obersten der Leviten stellen einen Chor und ein Orchester mit Harfen, Zithern, Zimbeln und Hörnern auf. Priesterliche Trompeter gehen vor der Lade her. Und ... man nimmt sich Zeit. Unterwegs wird Halt gemacht und es wird geopfert.

„Da ging er zum Haus Obed-Edoms, um die Lade in einem festlichen Zug in die Stadt Davids zu holen", heißt es in 2. Samuel 6,12. Und dann, in Vers 14 und 15: „Und David tanzte begeistert vor dem Herrn und trug dabei nur einen leinenen Priesterschurz. So brachten David und alle Israeliten die Lade des Herrn unter großem Jubel und dem Schall der Hörner nach Jerusalem."

Der König Israels sucht nicht seine eigene Ehre, er macht sich klein vor Gott. David hat sein königliches Gewand zu Hause gelassen und ist gekleidet wie ein Tempeldiener, mit einem leinenen Priesterschurz umgürtet. Über dieses „Efod" trägt er ein Oberkleid aus feinem Leinen. Es reicht von der Brust bis zu den Hüften, hat zwei Schulterriemen und einen Gürtel.

An diesem Tag tanzt David außer sich vor Freude vor den Augen seines Volkes „mit aller Kraft" vor seinem Herrn. Die scharfe Kritik seiner Frau erwidert er mit den Worten: „Vor ihm will ich auch künftig tanzen. Und ich bin sogar bereit, mich noch tiefer zu erniedrigen als diesmal und demütig von mir zu denken."

Wer Gott ehren will, stellt ihn in den Vordergrund, nicht sich selbst.

Seine Gnade hört niemals auf

Im alten Israel waren die Leviten nicht nur vom Kriegsdienst ausgenommen, sie mussten auch nicht für ihren eigenen Lebensunterhalt sorgen. So konnten sie sich ganz dem geistlichen und musikalischen Dienst widmen.

Von den etwa 38 000 männlichen Leviten ab 30 Jahren, die zur Zeit Davids lebten, wurden nicht weniger als 4 000 angestellt, um Gott mit den Instrumenten zu loben, die David speziell für diesen Zweck gemacht hatte. Drei Männer, Heman, Asaf (den wir auch als Psalmdichter kennen) und Jedutun, bekamen die schöne Aufgabe, als Musikdirektoren oder Dirigenten der verschiedenen Orchester und Chöre aufzutreten. Ihre Hauptaufgabe war der musikalische Dienst im Tempel. Was das beinhaltete, ist nachzulesen in 1. Chronik 25,6: „Zu ihren Pflichten im Haus des Herrn gehörte es, den Gesang mit Zimbeln, Zithern und Harfen im Gottesdienst zu begleiten, so wie es der König angeordnet hatte." Zu speziellen Anlässen waren die Priester Gottes anwesend und proklamierten Gottes Königswürde mit ihren Trompeten.

Es wurden öfters Lieder im Wechselgesang gesungen, wobei sich entweder die verschiedenen Chöre oder die Chöre und die Anwesenden beim Singen abwechselten. Sehr bekannt ist der Refrain: „Dankt dem Herrn, denn er ist gut. Denn seine Gnade bleibt ewig bestehen." Dieser Refrain, der in Psalm 136 wohl am häufigsten vorkommt, ist über die Jahrhunderte immer wieder erklungen. Als König Salomo die Bundeslade in den neugebauten Tempel bringen ließ, stieg die Herrlichkeit des Herrn während des Singens dieser Worte herab und erfüllte Gottes Haus. Auch nach Salomos Gebet bei der Einweihung des Tempels wurde es gesungen: „Seine Güte ist so groß! Seine Gnade bleibt ewig bestehen" (2. Chronik 5,13 und 7,3). Als Jahre später König Joschafat von Juda gegen die Ammoniter auszog, stimmten die Sänger es wieder an: „Preist den Herrn, denn seine Gnade währt ewig" (2. Chronik 20,20-21). Und als wiederum Jahre später das Fundament des neuen zweiten Tempels gelegt wurde, erklang zum Lobpreis Gottes erneut der Wechselgesang mit dem bekannten Refrain, der Gottes Güte und ewige Gnade betont (Esra 3,11).

Unser Lobpreis darf nie verstummen!

Gelobt sei der Herr, der Gott Israels, bis in alle Ewigkeit!

1. Chronik 16,36

Die Trompeter und Sänger lobten den Herrn und dankten ihm,
und ihr Gesang klang wie aus einem einzigen Mund.
Begleitet von Trompeten, Zimbeln und anderen Instrumenten erhoben sie ihre Stimmen
und priesen den Herrn: „Seine Güte ist so groß! Seine Gnade bleibt ewig bestehen."
In diesem Augenblick erfüllte eine Wolke das Haus des Herrn …, denn die Herrlichkeit
des Herrn war im Haus Gottes gegenwärtig.

2. Chronik 5,13-14

EINE Symphonie FÜR DEN *Herrn*

Einem Konzert in Amsterdam beizuwohnen, ist immer ein Fest. Ich liebe das alte Konzerthaus unserer Hauptstadt. Es wurde 1888 eingeweiht und hat sich seitdem im Grunde nicht verändert. Es ist imponierend und wunderschön.

Ich war etwa elf Jahre alt, als ich eine Klassenkameradin und ihre Mutter zu einem unvergesslichen Konzert in Amsterdam begleiten durfte (es war mein erstes). Wir zwei Mädchen bekamen vor lauter Aufregung in der kurzen Stille vor dem Einsetzen des Orchesters einen Lachanfall. Noch heute erröte ich, wenn ich daran zurückdenke, wie sich der Dirigent umdrehte und mit bösen Augen nach den Störenfrieden im Saal suchte. Wenn Blicke töten könnten, würde es mich nicht mehr geben. Dann hätte ich nie mehr einem Konzert beiwohnen können. Was entsetzlich schade gewesen wäre!

Was mich bei einer Symphonie immer wieder fasziniert, ist die Einheit des Orchesters. Jedes Instrument hat seinen eigenen Klang, man könnte auch sagen seine eigene Persönlichkeit, und jedes ist gefordert, sein Bestes zu geben. Der Dirigent,

Es geht darum, „dass ich die Kompositionen des Wortes Gottes kenne, dass ich auf den Taktstock des Heiligen Geistes sehe und mich in dem mir Gegebenen übe."

Martin Schleske, Geigenbauer

der als einziger die ganze Partitur hat (und kennt), sorgt dafür, dass jeder Musiker – ob Violinist, Paukenschläger oder Piccoloflötenspieler – an den entsprechenden Stellen zur Geltung kommt und gleichzeitig in Einklang mit den anderen Musikern spielt. Er begeistert sein Orchester und bringt Ruhe und Sicherheit hinein, denn er hat den Überblick.

Als Christen sind wir Instrumente Gottes. Unser Leben soll ein Lied zu seiner Ehre sein. Dabei ist wichtig, dass wir uns vor Augen halten, dass wir zur Einheit berufen sind. Gott fordert uns dazu auf, nicht aus und für uns allein zu spielen, sondern auf unsere Geschwister zu achten und danach zu streben, gemeinsam zu seinem Orchester zu werden, das, unter der Leitung des Heiligen Geistes, der Welt „eine himmlische Symphonie des Lobes" spielt.

Du lässt mich ÜBER MEINE RETTUNG *jubeln!*

Es gibt Zeiten, da ist uns nicht danach, Gott zu suchen. Unser Lobpreis ist verstummt, unser Herz unruhig, unsere Seele krank. So ging es König David zur Zeit seiner Affäre mit der Frau eines seiner besten und treusten Kämpfer. Batseba war schwanger von David geworden, und der hatte, um das Geschehene zu vertuschen, ihren Mann Uria umbringen lassen.
Wer seine Sünden nicht vor Gott bekennt (und sich radikal von ihnen abwendet), verliert den unbefangenen Umgang mit Gott und seinen inneren Frieden. Das erfuhr auch David. Obwohl er nach außen hin normal zu funktionieren schien, zerbrach er allmählich unter der Last seiner Schuld. Wenn der König Israels in dieser Zeit überhaupt dazu gekommen ist, Lieder zu dichten, dann müssen es Klagelieder in Moll gewesen sein.
David kannte die herzliche Gemeinschaft mit seinem himmlischen Vater. Er war der Junge, der auf den Feldern bei Bethlehem Loblieder gedichtet und gesungen hatte; der Junge, dem es gelungen war, König Saul mit seinem Harfenspiel zu beruhigen. Er war der Mann, der in den langen, bitteren Wüstenjahren mutig und treu mit seinem Gott gewandelt war. Nach seinem Ehebruch und dem Mord an Uria aber war seine kostbare Gemeinschaft mit Gott zerstört. Was David geblieben war, waren Schwermut und Verzweiflung.
Gottes Prophet Nathan zeigte dem König mit viel Weisheit und Feingefühl, was ihm fehlte und wie er seinen Frieden und seine Freude wiederfinden konnte. David musste seine Sünden vor Gott bekennen. Er brauchte Gottes Gnade, die sich in Vergebung, Reinigung und dem Geschenk eines neuen Anfangs zeigt. Erst dann kam die Freude zurück und konnte der König singen: „Du lässt mich über meine Rettung jubeln!" (Psalm 37,2).

Gott, sei mir gnädig um deiner Gnade willen
und vergib mir meine Sünden nach deiner großen Barmherzigkeit.
Wasche mich rein von meiner Schuld
und reinige mich von meiner Sünde.

Vergib mir ...
Dann werde ich singen und jubeln über deine Vergebung.

Aus Psalm 51

EIN GROSSER GOTT
ist der Herr!

Kommt, lasst uns dem Herrn zujubeln!
Lasst uns den Fels unseres Heils preisen!
Lasst uns mit Dank vor ihn hintreten!
Lasst uns Loblieder auf ihn anstimmen.
Denn der Herr ist ein großer Gott,
der große König über alle Götter.
Ihm gehören die Tiefen der Erde,
und die höchsten Berge sind sein.
Das Meer gehört ihm, denn er hat es erschaffen.
Seine Hände haben das trockene Land geformt.
Kommt, lasst uns anbeten und uns vor ihm verbeugen.
Lasst uns niederknien vor dem Herrn,
unserem Schöpfer.
Denn er ist unser Gott und wir sind das Volk,
das er beschützt,
die Schafe, die er behütet.

Psalm 95,1-7

Lobpreis bedeutet ein Aufblicken zu Gott,
Anbetung ein Niederbeugen vor ihm.

Warren Wiersbe

Bienenchor

Eine Wanderung im Mai. Der Frühling ist überwältigend. Der schwere Duft der Feldkräuter nimmt mir fast den Atem. Ich versuche, einige der Pflanzen zu identifizieren und entdecke u.a. wilden Dill, Spinat und verschiedene Kleesorten. Die Mehrzahl der Blumen sind mir aber unbekannt. Eine Schildkröte taucht aus dem hohen Gras auf und kreuzt unbefangen (und träge) unseren Weg. Rund um uns herum schwirren Bienen, schwer beladen mit Blütenstaub, der immer mehr wird, bis sie so übergewichtig sind, dass sie kaum noch fliegen können und wie betrunken von der einen zur anderen Blume schwanken. In der Stille, die uns umgibt, ist ihr aufgeregtes Summen fast ohrenbetäubend.

Wir kommen gerade aus einer kleinen griechischen Ortschaft, wo nur noch wenige – nicht einmal mehr zehn – Menschen wohnen. Das einst lebendige Dorf ist verlassen und verfallen, von den Häusern ist nicht viel übrig geblieben. Die meisten Einwohner sind schon vor Jahren aus ökonomischen Gründen weggezogen. Nur der alte Imker und seine Frau sind geblieben, und eine Familie mit drei Generationen, die das kleine Restaurant ihrer Vorfahren tapfer (und mit Erfolg) weiterführt. Sie hoffen, dass die Wanderer, die diesen paradiesischen Platz auf Erden entdeckt haben, zurückkommen werden und so das Dorf langsam wiederbeleben. In Touristenführern wird die Ortschaft als Sehenswürdigkeit empfohlen. Man will in den kommenden Jahren die Ruinen der Häuser restaurieren, aus einem soll eine Frühstückspension werden.

Vorläufig ist es hier noch ruhig. Abgesehen von einer kleinen Gruppe von Malern, die sich hier für einige Stunden niedergelassen hat, sind wir die einzigen Besucher dieses verlassenen Dorfes. Während wir uns einen Weg durch die Felder bahnen, überfällt uns ein fast paradiesisches Gefühl. In dieser wunderschönen Umgebung mit seiner unberührten Natur werden alle Sinnesorgane angesprochen, um alles aufzunehmen – um zu sehen, zu berühren, zu kosten, zu riechen, zu hören. Um die Liebe und Kreativität unseres Gottes wahrzunehmen in seiner vielfältigen Schöpfung: die Werke seiner Hände, die sich hier – unter strahlender Sonne – in all ihrer Pracht offenbaren. Beglückt und beflügelt sind wir in diesen Stunden weit entfernt vom Lärm und Getöse der Welt. Kinder Gottes unter einem offenen Himmel. Besungen von einem Bienenchor.

Es frohlockt das Feld und alles, was darauf ist!

Psalm 96,12 (ELB)

Wenn uns nicht *nach Singen ist ...*

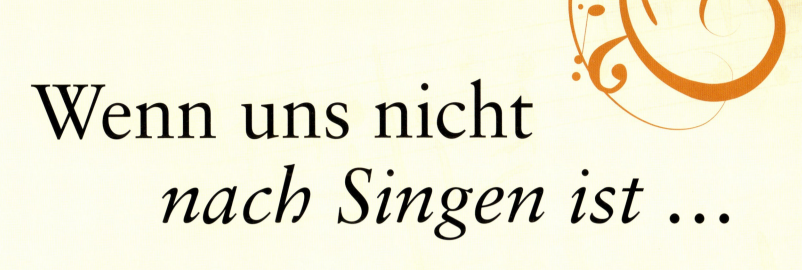

Die Israeliten sind aus Jerusalem weggeführt worden und müssen sich nun in Babylon zurechtfinden. Das gelingt ihnen nicht. Sie sind entwurzelt, ihre neue heidnische Umgebung ist ihnen völlig fremd. Freude ist mittlerweile ein Fremdwort für sie. Musizieren, Singen und Jubeln – das war einmal. „An den Flüssen Babylons saßen wir und weinten", heißt es in Psalm 137. Und dann, verzweifelt: „Wie können wir in einem fremden Land die Lieder des Herrn anstimmen?"

Wie anders hat Daniel in derselben Situation reagiert. Als einer der ersten, die aus Juda deportiert wurden, wurde er an den babylonischen Hof bestellt, um auf eine Position in der Politik vorbereitet zu werden. Ob er gesungen hat, wird uns nicht mitgeteilt. Sicher ist aber, dass Daniel sich nicht mitreißen ließ von der Trauer über das, was er verloren hatte, oder von einem starken Verlangen nach dem, was hätte sein können.

Auch er hatte Heimweh, auch er dachte an Jerusalem. Aber er setzte das positiv um. Daniel hatte die Gewohnheit, sich dreimal täglich in sein Zimmer, das offene Fenster nach Jerusalem hin hatte, zurückzuziehen und zu beten. Er kniete nieder und lobte Gott. Die Umstände hatten sich verändert, Daniels Herz aber war noch immer auf Gott ausgerichtet, sein Vertrauen war geblieben.

Daniels Heimweh nach der Stadt Gottes war nicht bloß ein Zurückblicken, es war eher ein in die Zukunft gerichtetes Heimweh. Daniel war ein Mann Gottes, der sich nicht von den Umständen niederdrücken und entmutigen ließ, sondern der nach wie vor mit Gottes Verheißungen rechnete. Dieser Gott war seine Stärke, er war der feste Boden unter seinen Füßen, er war der Grund seiner Freude. Daniel sang seinem Gott ein Loblied. Und so ... wurde er selbst zu einem Lied Gottes in Babylon.

*Und dreimal am Tag kniete Daniel auf seine Knie nieder,
betete und pries vor seinem Gott, wie er es auch vorher getan hatte.*

Daniel 6,11 (ELB)

DA *jubelten* WIR VOR Freude!

Siebzig Jahre lebten die Israeliten im Exil in Babylon. Genau so lange, wie der Herr es ihnen durch den Propheten Jesaja vorausgesagt hatte. Ihre Verbannung war eine Strafe Gottes, weil sie es nicht schafften, ihm treu zu sein und zu vertrauen – trotz der vielen Zeichen seiner Treue und Zuverlässigkeit.

Dann geschah das Wunder: Der Herr bewies seinem Volk Gnade. Die Tür zu einer neuen Zukunft ging auf. Aus dem Babylonischen Reich war inzwischen ein Persisches geworden, und Gott bewegte das Herz von König Kyrus, den Exilanten ihre Freiheit zurückzugeben: Sie durften zurück nach Jerusalem und Juda. Für die, die ihre Heimat nie vergessen hatten, war es wie ein Traum.

Es gibt nach dem Prediger eine Zeit fürs Weinen und eine Zeit fürs Lachen. Lassen Sie uns nicht vergessen, dass Gott in beiden Zeiten da ist: in Tagen von Mühsal und Trauer, wo der Himmel verschlossen zu sein scheint, und in den Tagen, wo wir Wunder erleben dürfen und ein neues Lachen entsteht. Sicher ist, dass unsere Trauer nicht ewig anhält und dass Gott Wunder schenken kann: erfrischende Quellen im Tränental (Psalm 84,7) oder neue Türen oder Fenster, die aufgehen. Dann scheint Licht in unsere Finsternis hinein. Und ein neues Lied wird in unseren Herzen geboren.

Da wurde unser Mund voll Lachen und unsere Zunge voll Jubel.
Da sagte man unter den Nationen:
„Der Herr hat Großes an ihnen getan!"
Der Herr hat Großes an uns getan: Wir waren fröhlich!

Psalm 126,2-3 (ELB)

Mögest du das Lachen,
das Gott dir geschenkt hat, nie verlernen.

Irischer Segenswunsch

Gott, ich will dir ein neues Lied singen!

Psalm 144,9

Die Kraft eines Liedes

Als ich vor Jahren in Bulgarien zu einer Vortragsreise unterwegs war, besuchten wir einen Taufgottesdienst in einer Zigeunergemeinde. Es war ein fröhliches Fest voller Hallelujas und Jubelschreie. Als einer der Täuflinge triefend nass im Taufbecken stand und ausrief: „Hier will ich bleiben und Gott loben", gingen viele Hände in die Höhe und alle redeten und schrien durcheinander.

Von meinen Begleitern erfuhr ich später die Geschichte des Gemeindepastors. Dieser Mann, dessen goldene Zähne bei jedem Lachen blitzten, war Jahre zuvor als obdachloser Alkoholiker in der ganzen Stadt bekannt gewesen.

Eines Sonntagmorgens tauchte er unerwartet während des Gottesdienstes in einer Gemeinde auf. Die Ansagen waren gerade vorbei; am Podium stand ein Teenie, der der Gemeinde mit seiner Gitarre ein Lied vorsang.

Als der Betrunkene stolpernd und fluchend in den Gemeindesaal kam, wurde er gleich von zwei Ältesten an die Seite gelotst. Er ließ sich aber nicht abfertigen, sondern bestand darauf, der Gemeinde etwas zu sagen. Aus Angst davor, dass die Dinge eskalieren würden, entschieden die Ältesten schließlich, ihn aufs Podium und reden zu lassen. Man kannte ihn ja, man würde seinen Auftritt irgendwie überleben.

Während der Junge mit seiner Gitarre mutig weitersang, ging der Mann, unterstützt von den Ältesten, nach vorne. Er kletterte tobend aufs Podium und lief auf den Jungen zu.

Dann ... geschah etwas Erstaunliches. Der Zigeuner neigte seinen Kopf und wartete still, bis der Junge sein Lied fertig gesungen hatte. Dann fing er an zu weinen. Ohne ein Wort zu sagen, ging er vom Podium hinunter und schwankte tränenüberströmt durch den Mittelgang des Saales zum Ausgang. Er sah nicht auf und äußerte kein einziges Wort. Er ging einfach durch die Tür hinaus und verschwand.

Einige Wochen nach diesem Vorfall kam kurz vor Beginn des Gottesdienstes in derselben Gemeinde ein Fremder ins Gotteshaus hinein. Er sah elegant aus, die Haare waren frisch gewaschen, Hose, Sakko und Hemd waren sauber, die Schuhe geputzt. Es dauerte, bis die Menschen ihn als den berüchtigten Alkoholiker wiedererkannten, der vor einigen Wochen so viel Unruhe im Gottesdienst gestiftet hatte. Es war kaum zu glauben, er war ein völlig anderer Mensch. Was war geschehen?

Nun, die Umkehr war an dem Sonntag ausgelöst worden, als der Zigeuner betrunken auf dem Podium neben dem Jungen mit der Gitarre stand. Es war das einfache Loblied des Teenagers gewesen, das ihn so sehr ins Herz getroffen hatte, dass er am selben Tag Jesus sein Leben hingegeben hatte. Ab diesem Moment hatte er keinen Tropfen Alkohol mehr getrunken. In den folgenden Jahren fand er eine Arbeit, dann ging er zur Bibelschule und wurde Pastor. Was ein Loblied bewirken kann!

Weinen und jauchzen

Freude und Trauer liegen manchmal nahe beieinander. In Esra 3 vermischen sie sich: Es wird gejubelt und geweint.

Es ist die Zeit, als man angefangen hat, den neuen Tempel zu bauen. Das aus dem Exil zurückgekehrte Volk versammelt sich „wie ein Mann" in Jerusalem. Dort wird zuerst der Altar auf seinen alten Fundamenten errichtet, im Anschluss werden dort zum ersten Mal nach langer Zeit wieder Brandopfer dargebracht. Dann beginnt auch das Laubhüttenfest: Eine Woche lang wird gefeiert. Es ist eine neue Zeit angebrochen, man darf sich freuen und erwartungsvoll in die Zukunft blicken.

Der Höhepunkt beim Bau des neuen Tempels ist die Grundsteinlegung. In diesem Moment bricht ein gewaltiger Jubel aus. Aber nicht alle stimmen mit ein. Was für die meisten ein absolutes Hoch ist, ist für die, die die Pracht des ersten Tempels Salomos noch erlebt haben, tief ergreifend. Die „Alten" können sich nicht unbefangen freuen über den Neubau; der Schmerz über das, was verloren gegangen ist, ist noch zu frisch. Während die Jungen jubeln, kommen ihnen die Tränen. Ihr Weinen wird nicht einmal bemerkt, weil es völlig überstimmt wird vom lauten und gewaltigen Jauchzen der Menge. Freude und Tränen, Jubel und Trauer – manchmal vermischen sie sich.

Zur größten Herausforderung jedes Menschen, der einen traumatischen Verlust erfährt, gehört es, sich einerseits der Dunkelheit des Verlustes zu stellen und andererseits mit neuer Lebenskraft und Dankbarkeit zu leben.

Gerald Sittser

Wenn der Herr nicht das Haus baut,
 ist die Arbeit der Bauleute vergeblich.

Psalm 127,1 (von Salomo)

BEI DER Einweihung DER MAUER *Jerusalems*

Nach einer intensiven Zeit, während der die Mauer Jerusalems wiederaufgebaut wurde, ist der Moment da: Die Arbeit ist vollendet. Es ist an der Zeit, die Mauer einzuweihen und der Freude mit Dankliedern, Zimbeln, Zithern und Harfen Ausdruck zu geben.

Es kommen Sänger aus der Umgebung von Jerusalem (und von weiter her) und es werden zwei Dankes-Chöre und Festzüge gebildet. Die Priester und Leviten reinigen zunächst sich selbst, dann werden das Volk, die Tore und die Mauer gereinigt. Es ist klar: Dies ist ein heiliger Moment. Ehrfurcht und Freude gehen Hand in Hand.

Nehemia, der extra aus Persien gekommen ist, um bei dem Wiederaufbau der Mauer Jerusalems mitzuhelfen, ist der große Organisator des Festes. Wir lesen, wie er die zwei Dankeschöre und Festzüge auf die Mauer steigen lässt. Der eine Zug wird vom Schriftgelehrten Esra angeführt, der andere Zug von ihm selbst. Sie kommen einander aus entgegengesetzten Richtungen entgegen. Als sie sich begegnen, stellen sie sich gemeinsam am Haus Gottes auf. Die Sänger singen, es wird geopfert und „die Freude in Jerusalem war weithin zu hören" (Nehemia 12,27-43).

Während es bei uns so ist, dass sich bei der Einweihung eines neuen Gebäudes oder einer großen Brücke der Bürgermeister, der Architekt, der Bauunternehmer und sonstige Prominente bei einem Glas Champagner gegenseitig zu ihrem Erfolg gratulieren, geht bei der Einweihung der Mauer Jerusalems das Lob an Gott.

Es wurde gefeiert,
denn Gott hatte ihnen allen Anlass
zu großer Freude gegeben.

Nehemia 12,43

Das Leben *feiern*

Meine Gartenamsel ist ein merkwürdiges Wesen. Das Männchen ist schwarz, wie es sich gehört, dennoch ist eine seiner Schwanzfedern schneeweiß. Sie steht schräg nach oben und macht das Steuern beim Fliegen etwas kompliziert. Die Landung ist auch ein Abenteuer, denn meine Amsel hat ein kaputtes Knie und muss darum auf einem Beinchen landen. Erstaunlicherweise geht das immer gut.

Meine Amsel sitzt in aller Frühe in meinem Apfelbaum und singt ihr Lied. Sobald der Kleine mich in der Küche bemerkt, kommt er zur Tür und wartet auf mich. Seine Treue ist rührend, aber sicherlich nicht ganz selbstlos. Er rechnet mit einer guten Versorgung, denn er weiß: Bei diesem Haus gibt es immer etwas zu schnabulieren. Im Winter angemessenes Winterfutter, im Sommer Äpfel oder Beeren. Und wenn ich im Garten arbeite, gibt es frische Würmer, direkt abzuholen, wie der Hamburger bei McDonalds.

Manchmal beobachte ich den Amselmann, wenn er im Garten herumhüpft und in den Beeten herumwirtschaftet. Ganz besonders ist sein Baderitual in meinem in England erworbenen Vogelbad: Ein paar Mal ein- und aussteigen, um die Wassertemperatur zu messen. Wenn es gefällt, den Kopf mehrmals untertauchen, ausgiebig Wasser spritzen, ausschütteln und die Federn ordnen. Ein bisschen nachdenken und dann das Ganze wiederholen. Weil es Spaß macht. Zum Schluss am Rand des Vogelbades dehnen und strecken. Und dann ... ein Lied. Unbekümmert und laut. Den Schnabel weit aufgesperrt, das schmerzende Beinchen etwas hochgezogen, die weiße Schwanzfeder entschlossen schräg hochstehend. Es ist ein absoluter Höhepunkt: Die Amsel feiert das Leben. Was morgen kommt, beschäftigt sie nicht, jetzt gibt es Grund zum Jubeln.

Die Vögel des Himmels lassen ihre Stimmen aus dichtem Laub erschallen.

Psalm 104,12 (ELB)

*Möge dann und wann
ein Lied aufsteigen vom Grunde
deines Herzens, das Leben zu grüßen
wie die Amsel den Morgen.
Möge dann und wann der Himmel
über deine Schwelle treten.*

Antje Sabine Naegeli

Ich will mich trotzdem über meinen HERRN freuen und will jubeln. Denn Gott ist mein Heil!

Habakuk 3,18

UND TROTZDEM will ich mich *freuen!*

Es ist schon eine Weile her, dass ich zu einem Vortrag in einem Gebiet eingeladen war, das zuvor wegen BSE gesperrt gewesen war. Wir hatten im Fernsehen gesehen, wie bei der Räumung große Maschinen mit stählernen Greifarmen die Kadaver der Kühe einsammelten. Männer in Schutzkleidung waren damit beschäftigt, die Ställe und den Hof zu desinfizieren. Und mittendrin standen die betroffenen Familien und mussten mit ansehen, wie ihr Lebenswerk innerhalb weniger Stunden vernichtet wurde.

Der Verlust betraf weit mehr als das Einkommen. Kühe sind für eine Bauernfamilie wie Familienmitglieder. Marie ist die Königin, deren Milchertrag unübertroffen ist. Betsy ist die Mutter eines prächtigen Zuchtstiers. Johanna ist mit den Kindern der Familie groß geworden.

Von dieser Veranstaltung ist mir vor allem ein Moment in Erinnerung geblieben: Eine der Frauen wählte beim Singen ein Lied aus, das auf dem dritten Kapitel des Buches Habakuk basiert. Dieses Lied aus einer Zeit, als Gottes Volk von der Landwirtschaft und Vieh- und Schafzucht abhängig war, spricht von leeren Ställen und von Bäumen, die keine Früchte hervorbringen. Trotz dieser bitteren Umstände endet es mit einem Lob an Gott.

Ehrlich gesagt sang ich das Lied fast gedankenlos mit. Bis ich aufschaute. „Auch wenn die Feigenbäume noch keine Blüten tragen und die Weinstöcke noch keine Trauben ..., ja selbst wenn die Schafhürden und Viehställe leer stehen ..." Ich sah eine Frau singen, deren Augen von Tränen überströmten. Bei ihrer Nachbarin geschah dasselbe. Und in der nächsten Reihe ...

Auf einmal kamen mir die Fernsehbilder wieder in den Sinn. Die rotweiß-gestreiften Plastikbänder, die ganze Dörfer als infiziertes Gebiet markierten. Die Lastwagen auf den Höfen, die Kadaver der Kühe. Nun stand ich Auge in Auge mit den Menschen, die das, was sie sangen, persönlich erlebt hatten. Wie im Buch Habakuk erklang aber auch hier das „Trotzdem": „Ich will mich trotzdem über meinen HERRN freuen und will jubeln." Die Frauen weinten und sie sangen. Sie sangen weinend. Sie hatten alles verloren, nicht aber ihren Glauben. Ihr Vertrauen.

Ich war erschüttert. Es ist einfach, solche Worte zu singen, wenn zu Hause alles in Ordnung ist. Aber wenn man sein Lebenswerk verloren hat, gekündigt wurde oder von einer lebensbedrohlichen Krankheit betroffen ist? Was gibt es auf den Trümmerhaufen des Lebens zu singen?

Für diese Bäuerinnen gab es keinen Grund zur Dankbarkeit. Dennoch sangen sie, die Augen voller Tränen. Auf ihrer Netzhaut waren noch die Bilder der Räumung ihrer Ställe, als Kinder Gottes aber sahen sie das größere Bild eines himmlischen Vaters, der alles weiß und sich um uns sorgt. In ihm, ihrem Halt und ihrer Zukunft, konnten sie jauchzen.

Stille werde ich

*Stille werde ich,
wenn ich meine Gedanken lenke,
weg von mir und meiner kleinen Welt
hin zu Gott.
Er, der sich Mose vorstellte als
ICH BIN, ist der Anker in der Zeit.
Er war schon immer,
er ist heute
und er wird immer sein,
ewig und allmächtig gegenwärtig.
Stille werde ich,
wenn ich versuche, zu verstehen:
Dieser Gott lässt sich nicht erklären.
Seine Werke sind groß und wunderbar.
Er ist hoch erhaben.*

*Ich beuge meine Knie und bete an
den Allerhöchsten,
Schöpfer und Herrscher des
Himmels und der Erde,
die Hoffnung aller Menschen.
Ihm gebührt mein Dank.
Er hat in und durch seinen Sohn Jesus
einen Liebesbrief an diese Welt gesandt,
der ICH BIN in Menschengestalt
gnädig gegenwärtig unter Menschen.
Der Weg, die Wahrheit und das
Leben ist in meine kleine Welt
hineingekommen.
Er hat mir neues Leben geschenkt,
meinen Horizont erweitert,
er hat meine Augen geöffnet für seine Wirklichkeit.*

Dir gilt Stille, Lobgesang.

David in Psalm 65,2 (ELB)

Herr, hilf mir, es nie zu verlernen oder zu vergessen,
mich darüber zu verwundern
und dich dafür zu loben, dass du bist.
Amen.

Singt miteinander Psalmen und Lobgesänge und geistliche Lieder,
und in euren Herzen wird Musik sein zum Lob Gottes. Und dankt Gott, dem Vater,
zu jeder Zeit für alles im Namen unseres Herrn Jesus Christus.

Epheser 5,19-20

Kostbare *Stunden*

Es kommt in unserer Gemeinde öfters vor, dass sich Menschen nach dem Gottesdienst am Sonntag oder auch sonst zu einem gemeinsamen Essen bei jemandem zu Hause treffen. Während die Kleinsten schlafen und ihre älteren Geschwister sich mit Spielen oder Büchern amüsieren, wird in der Küche zusammen geholfen.

Ich liebe diese Stunden, während derer wir gemeinsam kochen, plaudern und lachen. Später, beim Essen, wird intensiv geredet. Über das, was sich in unseren Leben tut. Über Freude und Sorgen. Über Neues in der Familie oder im Beruf. Und über unser Leben mit Gott. Genauer gesagt: über das, was sich in letzter Zeit zwischen uns und unserem Gott getan hat. Und über Neues, das wir in der Bibel entdeckt haben.

Nicht selten wird der Nachmittag oder Abend mit einem spontanen gemeinsamen Gebet beschlossen. Manchmal singen wir. Beim Abschied sind wir uns einig: „Das müssen wir öfters machen!" Wir haben erfahren, dass es stimmt, was David in Psalm 133 sagt: „Wie schön und wie wunderbar ist es, wenn Brüder einträchtig zusammenleben." Das Miteinander hat uns gut getan. Wir haben Freude und Sorgen miteinander geteilt und gemeinsam Gott gelobt. So wie es in der ersten Gemeinde in Jerusalem war, die überall als eine einmütige und herzliche Gemeinschaft bekannt war, deren Mitglieder sich täglich im Tempel wie auch beieinander zu Hause trafen.

So ist es heute noch: Es ist und tut gut, wenn Kinder Gottes sich begegen und gemeinsam reden, singen und beten.

Meine Seele ERHEBT DEN *Herrn*

Wer im Neuen Testament nach Musik sucht, findet sie gleich in den Evangelien. Direkt vor und nach der Geburt Jesu stimmen einzelne Menschen und Engelschöre ein Loblied an. Ein Höhepunkt ist das Magnificat der jungen Maria. Sie nimmt die Botschaft des Engels Gabriel über ihre bevorstehende Schwangerschaft an und überlässt alles Weitere Gott. Ihre Worte „Möge alles, was du gesagt hast, wahr werden und mir geschehen" unterstreichen ihre bedingungslose Hingabe.

Als Maria schwanger ist, besucht sie ihre Kusine Elisabeth. Dort singt sie ihr Loblied, das vier Themen oder „Stufen" enthält. Zuerst jubelt sie über Gottes Gunst und seinen Segen für sie persönlich. Maria ist tief verwundert darüber, dass sie die Jungfrau sein darf, über die der Prophet Jesaja vor Jahrhunderten gesprochen hat: die leibliche Mutter des Messias.

Als Nächstes lobt Maria Gottes Wesen und seine Barmherzigkeit für alle, die ihn ehren. Dann dankt sie Gott für seine Allmacht und seine Liebe für die Schwachen und Hungrigen. Ihre Schlussworte bilden das Crescendo des Magnificats, sie machen Marias Gebet zu einem prophetischen Lobgesang. Denn sie dankt Gott für seine Treue seinem Volk gegenüber. Das deutet auf die Erfüllung der alten Verheißungen Gottes an Abraham durch Jesus hin.

Dieser Lobgesang eines jungen Mädchens ist beeindruckend wegen seines Tiefgangs. Marias Lob und Dank übersteigen ihre persönlichen Umstände: Sie dankt Gott nicht nur für das, was er an ihr persönlich getan hat, sondern für sein Wesen und für sein Wirken in der Geschichte und in der Zukunft.

Gelobt sei der Herr! Wie freue ich mich an Gott, meinem Retter! Er hat seiner unbedeutenden Magd Beachtung geschenkt, darum werden mich die Menschen in alle Ewigkeit glücklich preisen. Denn er, der Mächtige, ist heilig, und er hat Großes für mich getan. Seine Barmherzigkeit gilt von Generation zu Generation allen, die ihn ehren. Sein mächtiger Arm vollbringt Wunder! Wie er die Stolzen und Hochmütigen zerstreut! Er hat Fürsten vom Thron gestürzt und niedrig Stehende erhöht. Die Hungrigen hat er mit Gutem gesättigt und die Reichen mit leeren Händen fortgeschickt. Und nun hat er seinem Diener Israel geholfen! Er hat seine Verheißung nicht vergessen, barmherzig zu sein, wie er es unseren Vorfahren – Abraham und seinen Kindern – immer verheißen hat.

Lukas 1,46-55

Hoffnung ist die Fähigkeit, die Musik der Zukunft zu hören.
Glaube ist der Mut, in der Gegenwart danach zu tanzen.

Peter Kuzmic

DER Jubel DER Natur

In der Bibel wird uns häufig ein Bild davon vermittelt, wie die Natur in das Lob Gottes einstimmt. Bäume und Ströme, die in die Hände klatschen; ein frohlockendes Feld und ein brausendes Meer, die gemeinsam für Gott jubeln. Weil er der Allmächtige ist, der Gnädige, der rettet und erlöst.

Wer gut beobachtet und zuhört, wird heute schon etwas von diesem Jubel der Schöpfung bemerken. Das Lob Gottes der Natur ist so zart wie gewaltig. Das leise Rauschen der Blätter im Wind erinnert an einen Schlagzeuger, der seinen kleinen weichen Besen sanft über das Fell der Trommel streicht. Beim Krachen und Stöhnen der Zweige im Sturm dagegen wurde der Besen beiseitegelegt; der Musiker ist mit beiden Händen und Füßen voll in Aktion.

Jubel ist das erste zarte Grün, das einem Winterwald einen besonderen Glanz verleiht. Es ist ein Obstgarten voller Blütenpracht, es sind Hügel und Berge bedeckt mit dem funkelnden Herbstlaub der Bäume in zahllosen Farbschattierungen, die fast unerträglich schön sind. Es ist das leise Rieseln eines Baches mit seinem kalten, klaren Schmelzwasser aus den Bergen. Es ist das Brausen und Schäumen der Meereswellen an einem stürmischen Nachmittag am Strand.
Die Natur erfüllt ihre „Berufung", indem sie ihre ganze Pracht entfaltet und zur Schau stellt. So spiegelt sie die Kreativität unseres Schöpfers wider.
Der Jubel der Bäume, das Lied der Berge, Hügel und Gewässer ist ein Lobgesang für unseren Gott. Und für die Menschen, die er gemacht hat, eine Quelle der Freude. Lassen Sie uns mitjubeln, denn ihm, unserem Schöpfer, gebührt unser Dank.

Das Meer und alles, was darin ist, soll ihn preisen!
Die Erde und alles, was auf ihr lebt, juble ihm zu.
Die Flüsse sollen vor Freude in die Hände klatschen!
Die Berge sollen fröhliche Lieder singen vor dem HERRN.

Psalm 98,7-9

*Doch die bei dir Zuflucht suchen, sollen sich freuen,
sie sollen Loblieder singen in Ewigkeit.*

Psalm 5,12

Ein Ja *zu Jesus*

Beim Jakobsbrunnen wartet Jesus auf eine Samariterin. Begegnungen mit den Mitbewohnern ihres Dorfes geht sie aus dem Weg. Diese Frau hat Angst vor Menschen, Angst, beschimpft zu werden, denn sie hat einen schlechten Ruf. Nach fünf Ehen lebt sie heute unverheiratet mit einem sechsten Partner zusammen.

Sie ist einsam, eine Frau am Rande der Gesellschaft. Unerwünscht und abgelehnt. Beim Jakobsbrunnen aber wird sie erwartet. Dort sitzt Gottes Sohn Jesus mit einem großen, gnädigen Angebot. Er kennt sie, er weiß von ihrem Leben. Dennoch hat er sich auf den Weg gemacht, um sie zu treffen. Sie muss sich nicht vor ihm verstecken, er liebt sie so, wie sie ist. Er wird diese Verstoßene nicht abweisen, denn er gönnt ihr das Leben. Aus dem Grund ist er gekommen: Er wird sie einladen, mit allem, was sie belastet und betrübt, zu ihm zu kommen. Und dann wird er ihr ein neues Leben anbieten.

Am Jakobsbrunnen erwartet die Samariterin ein herzliches Willkommen. Sie darf in und durch Jesus ihre Zuflucht bei dem Allmächtigen finden. Er bietet ihrem dürstenden Herzen ein Zuhause an. Leben und Fülle. Frieden. Freude.

Am Jakobsbrunnen wartet ein neuer Bräutigam auf sie. Seine Liebe ist bedingungslos und beständig. Die Samariterin darf mit seiner Gnade und Treue rechnen. Wenn sie Ja zu ihm sagt, wird er sie unter seine Flügel nehmen und behüten.

> Jesus, der Sohn Gottes,
>   lädt ein
>   zu einem neuen Leben
> in Verbundenheit mit ihm.
>   Einem Tanz,
>   einem „Pas de deux",
>   unter offenem Himmel.
> Bis in die Ewigkeit hinein.

Sie hörten nicht auf, Gott zu loben.

Apostelgeschichte 2,47

MEHR leben, MEHR *loben!*

Am Ende des Lukasevangeliums werden wir Zeugen der Himmelfahrt Jesu. Gut dreißig Jahre hat Gottes Sohn auf dieser Erde gelebt, Menschen Gottes Reich verkündigt (und gezeigt) und zur Nachfolge aufgerufen. Als seine Zeit auf Erden zu Ende geht, spricht er offen mit seinen Jüngern über sein bevorstehendes Leiden und Sterben. Er erklärt ihnen, dass seine Kreuzigung kein Irrtum oder Schicksal ist, sondern dass er damit Gottes Rettungsplan für die Menschen vollbringen und danach zu seinem Vater im Himmel zurückkehren wird. Er wird seine Nachfolger nicht als Waisen zurücklassen. Er verspricht ihnen das Kommen des Heiligen Geistes.

Die Jünger Jesu werden von ihrem auferstandenen Herrn gesegnet. Dann, auf einmal, ist es soweit: „Noch während er sie segnete, verließ er sie und wurde in den Himmel hinaufgehoben. Sie beteten ihn an und kehrten danach voll großer Freude nach Jerusalem zurück. Und sie hielten sich die ganze Zeit über im Tempel auf und priesen Gott" (Lukas 24,53).

Während Jesus in den Himmel fährt, liegen seine Jünger in Anbetung auf dem freien Feld, so stelle ich mir das etwa vor. Statt zu trauern, kehren sie voller Freude nach Jerusalem zurück. Dort werden sie auf die Erfüllung der Verheißung Gottes warten: das Kommen des Heiligen Geistes in ihre Herzen bis zu Jesu Wiederkunft.

„Sie hielten sich die ganze Zeit über im Tempel auf und priesen Gott." Das also kennzeichnete die ersten Christen. In Apostelgeschichte 2,46-47 heißt es außerdem: „Gemeinsam beteten sie täglich im Tempel zu Gott, trafen sich zum Abendmahl in den Häusern und nahmen gemeinsam die Mahlzeiten ein, bei denen es fröhlich zuging und großzügig geteilt wurde. Sie hörten nicht auf, Gott zu loben, und waren bei den Leuten angesehen. Und jeden Tag fügte der Herr neue Menschen hinzu, die gerettet wurden."

Diese Verse erwecken in mir eine Sehnsucht nach mehr Leben und mehr Loben der Kinder Gottes. Nach einer lebendigen christlichen Kirche, deren Einheit, Kraft und Freude Aufsehen erregt in dieser Welt. Nach unzählbaren Menschen, die dazukommen …

Singen um *Mitternacht*

Der Apostel Paulus und sein Mitarbeiter Silas werden in Philippi angeklagt, weil sie ein Mädchen von einem Wahrsagegeist befreit haben. Sie werden mit Ruten geschlagen und ins Gefängnis geworfen. Man setzt ihre Füße so weit wie nur möglich gespreizt in einem Block fest, eine Foltermethode, die heftige Krämpfe in den Beinen verursacht.

Es gehen Stunden vorbei, es wird Nacht. Der Körper protestiert. Die Wunden brennen und schmerzen, die Krämpfe in den Beinen sind unerträglich. Dann, um Mitternacht, beten Paulus und Silas.

Wir erwarten einen Hilfeschrei zu Gott. Ein verzweifeltes, erschöpftes „Herr, hilf uns!". Vielleicht ein „Gott, warum hast du das alles geschehen lassen? Wo warst du? Wo ... bist du?" Diese Worte hören wir aber nicht. Die Männer singen Loblieder. In größter Not bleibt ihre Dankbarkeit Gott gegenüber bestehen. Sie danken dabei nicht für ihre Umstände, für ihr Leiden. Mit ihrem Lobgesang bezeugen Paulus und Silas vielmehr, dass sie keinen Moment daran zweifeln, dass Gott da ist und dass er treu ist. Dieses Vertrauen bewirkt trotz ihrer unmenschlich harten Umstände große Ruhe in ihnen.

Als Gottes Lob im Gefängnis in Philippi gesungen wird, hören nicht nur die Mitgefangenen, sondern auch der Himmel zu. Das Lied der Evangelisten setzt etwas in Bewegung. Eigentlich nicht etwas, sondern jemanden: Gott. Er hört, er handelt. Ein großes Erdbeben erschüttert das Gefängnisgebäude, alle Türen gehen auf und die Fesseln werden gelöst. Es ist kaum zu fassen, dass dabei niemand verwundet, getötet oder von den Trümmern eingeklemmt wird.

Das Wunder geschieht, während Paulus und Silas Gott loben und danken. Ein Weg zur Freiheit wird gebahnt. Dem Kerkermeister wird das Evangelium verkündigt. Er kommt zum Glauben an Jesus, nimmt die beiden Gefangenen mit in sein Haus und wäscht ihnen die Striemen. Danach lässt er sich mit seinem ganzen Haus taufen. Mitten in der Nacht folgt ein Festmahl: „Er ließ ihnen den Tisch decken und jubelte, an Gott gläubig geworden, mit seinem ganzen Haus" (Apostelgeschichte 16,34; ELB).

Stricke der Gottlosen haben mich umgeben.
Um Mitternacht stehe ich auf, um dich zu preisen.

Psalm 119,61-62 (ELB)

Instrumente zu seiner Ehre

Herr, du willst aus deinen Kindern
Instrumente zu deiner Ehre machen,
Instrumente, die von und vor dir spielen
und gemeinsam zu einem Orchester werden,
das deine Symphonie erklingen lässt.
Musik, die dir eine Freude macht,
Musik, die die Welt aufhören lässt.

Herr, bitte zeige mir,
welchen Platz du für mich hast.

Manchmal will ich die erste Geige spielen
oder die große Trommel schlagen.

Manchmal aber will ich auch nur
die Triangel,
die eher selten gefragt ist,
aber einen so lieblichen Klang hat.

Herr, bitte zeige mir,

Vielleicht darf ich die Harfe sein,
deren Töne das Herz berühren,
oder die Piccoloflöte,
deren Lied klar und fein ist.

Herr, bitte zeige mir,
welchen Platz du für mich hast.

Er muss nicht auffallend oder bedeutend sein.

vielleicht als eine der Querflöten,
vielleicht darf ich eine der Klarinetten sein,
vielleicht darf ich für den Organisten
das Register bedienen.

Herr, ich danke dir für das Wunder,

Bitte zeige mir meinen Platz
und hilf mir, in Harmonie mit
anderen zu deiner Ehre zu spielen.

Amen.

Jubelt DEM Herrn

Jubelt dem Herrn zu, ihr Bewohner der Erde!
Betet ihn voll Freude an.
Kommt zu ihm und lobt ihn mit Liedern,
erkennt, dass der Herr Gott ist!
Er hat uns erschaffen und wir gehören ihm.
Wir sind sein Volk, die Schafe seiner Weide.

Geht durch die Tempeltore mit Dank,
tretet in seine Vorhöfe mit Lobgesang.
Dankt ihm und lobt seinen Namen.
Denn der Herr ist gut.
Seine Gnade hört niemals auf,
und seine Treue gilt für immer.

Psalm 100 (Ein Dankpsalm)